AF337532

ORAISON FUNEBRE

DE

NAPOLÉON.

Eh ! quand il serait vrai que l'absolu pouvoir
Eût entraîné Tarquin par delà son devoir,
Qu'il en eût trop suivi l'amorce enchanteresse,
Quel homme est sans erreur et quel roi sans faiblesse?

(VOLTAIRE.)

PARIS,

Chez **BATAILLE** et **BOUSQUET**, Libraires,
au Palais-Royal ;

Et aux Salles d'Etudes de l'Ecole de Droit, rue
St.-Etienne-des-Grès, N°. 2.

1821.

ORAISON FUNÈBRE

DE

NAPOLÉON.

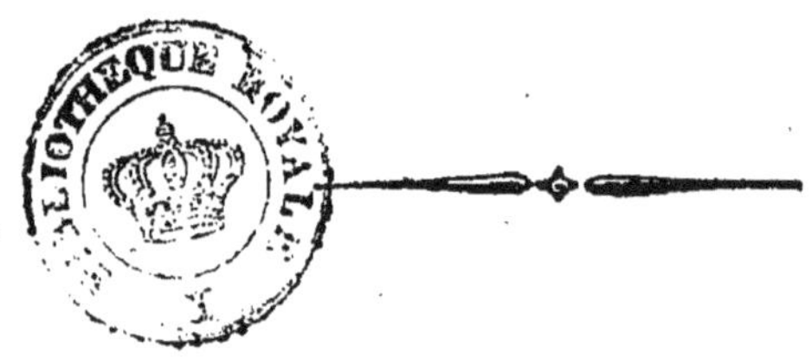

Le grand NAPOLÉON n'est plus. Voyons ce qu'il a fait pour mériter le surnom de GRAND.

En moins de trois ans, et par lui-même, il s'éleva du rang de sous-lieutenant d'artillerie à celui tant brigué de général en chef.

Il avait à peine vingt-six ans lors-qu'avec 35,000 hommes, manquant de tout, il arracha l'Italie aux plus fameux généraux de l'Allemagne, fonda partout des institutions sages, rappela les beaux jours de l'antique liberté, transporta dans sa patrie tout ce que les arts avaient d'immortel.

Il apporta dans Paris la paix qu'il avait conquise, se déroba aux applaudissemens qu'il avait mérités, rentra comme par penchant au sein de l'obscurité dont il était sorti.

Vainqueur sur le continent, il brûlait de l'être encore sur les mers : Malte, l'Egypte, la Syrie obéirent à ses lois; par lui la terre classique des arts n'eut plus de secrets pour le monde.

Sa patrie périssant déchirée par les factions, il quitta celle des Ptolémées pour sauver la France du naufrage.

Il franchit immédiatement, avec un nombreux matériel, ces précipices et ces monts glacés qui n'avaient pas vu d'armées depuis Annibal ; reconquit en huit jours, sur la maison d'Autriche, cette délicieuse Italie que des revers nous avaient enlevée pendant son absence; dicta dans Milan les conditions d'une nouvelle paix; força par un trait de grandeur la Russie à les accepter.

Devenu Empereur des Français il encouragea les arts, protégea l'industrie, perfectionna les lois, éleva des monumens, creusa des canaux, ouvrit des montagnes, multiplia partout les communications entre les peuples; et, ce qui n'appartenait qu'à son génie sublime, sut imprimer la vie à tout ce qu'il enfanta.

Il détrôna l'Empereur d'Autriche et lui rendit ses états ; il prit toute l'armée russe et lui rendit la liberté.

Il terrassa et releva la Prusse ; força la Russie, qui s'avançait pour la venger, à signer avec elle, dans Tilsitt, la cession d'une moitié de l'Europe aux alliés de la France ; ferma aux vaisseaux de l'Angleterre tous les ports du continent ; étendit, en un mot, sur tout notre hémisphère, la toute-puissance de sa domination.

Il conquit les royaumes de Naples

et d'Espagne en même temps qu'il fondait ceux de Bavière, de Saxe, de Hollande et de Wurtemberg, qu'il repoussait une excursion de l'Angleterre sur le continent, qu'il abattait et relevait pour la deuxième fois cette même Autriche qui lui devait tout.

Pouvant dans sa position commander les plus grands sacrifices, il daigna se contenter de la main de la fille du vaincu.

Menacé derechef par les légions de la Russie, il marcha de nouveau contre elles, et ne s'arrêta qu'à Moscou. Là,

on le vit arborer sur les murs du Krem-
lin les mêmes étendards qu'il avait
plantés sur ceux de Rome, de Malte,
du Caire, de Varsovie, de Vienne, de
Berlin : étendards immortels que des
torrens de boulets avaient à moitié dé-
vorés.

Assailli par le choc de tous les élé-
mens, privé d'armée par eux, et pour-
tant toujours en butte à des nuées d'en-
nemis, il se fit jour à travers 700 lieues
de neiges et de glaces, organisa en
trois mois une armée non moins bel-
liqueuse que l'ancienne, écrasa, avec
elles, toutes les légions liguées des na-

tions de l'Europe, et ne consentit à leur céder le terrain que lorsqu'il se vit privé, par la trahison, des seuls moyens physiques qu'il eût de leur résister.

N'ayant avec lui que 60,000 hommes exténués, il défendit son trône et son empire contre 600,000 barbares débordés sur la France de toutes les extrémités du monde; les plaça, par une suite inconcevable de triomphes, au bord du plus affreux précipice, et les fit douter, même après sa chute, de la victoire qu'ils avaient remportée.

Il passa du trône dans l'exil sans cesser d'être grand.

Impatient de ses fers, il les brisa et reparut.

Alors il donna aux souverains de la terre cette éclatante leçon d'éternelle vérité, que rien n'est impossible aux rois quand ils ont l'amour des peuples : 900 hommes, vingt jours, pas une goutte de sang, et Napoléon est assis sur le plus beau trône de l'univers.

Il avait fait des fautes, et il eut la grandeur de les avouer.

La France n'avait plus d'armée , et , en moins de deux mois, elle en eut une de cinq cent mille hommes.

Le monde épouvanté se ligua contre son retour , et seul il attaqua le monde.

Que de génie, que d'audace, que d'ardeur il déploya dans cette nouvelle campagne ! Que de sang, que de morts, que de gloire apprirent à l'univers le réveil du lion !

Il tomba : mais quelle chute !

Comme le héros malheureux qu'il aimait à prendre pour modèle, il choisit pour refuge le foyer redouté de son plus cruel ennemi.

L'Anglais le chargea de fers.

Seul au milieu des vastes mers, séparé pour jamais d'une épouse et d'un fils qu'il adore, gourmandé chaque jour par un infâme geolier qui le tyrannise, à la merci d'un soldat qui, s'il dépasse la ligne tracée, a l'ordre formel de le traiter en bête féroce ; celui que les plus grands souverains se trouvaient honorés d'appeler leur frère attend d'un œil tranquille la mort qu'il a cent fois bravée.

Elle vient, précédée de son cortége de douleurs.

Napoléon la reconnaît et sourit.

Quarante fois encore le flambeau de l'univers éclaire l'agonie du grand homme. Il meurt enfin les yeux fixés sur l'image de son fils, et poussant un dernier soupir A LA NATION FRANÇAISE.

Constant TAILLARD, *soldat de la vieille armée.*

DE L'IMPRIMERIE DE DOUBLET.

On trouve chez MM. Bataille et Bousquet le Catéchisme du Soldat français, 1 vol. in-12, prix 3 f.

www.ingramcontent.com/pod-product-compliance
Lightning Source LLC
Chambersburg PA
CBHW050749070726
47597CB00009B/4137